RÈGLEMENT

Concernant les nouvelles Écoles Royales-militaires.

Du 28 Mars 1776.

DE PAR LE ROI.

SA MAJESTÉ ayant jugé à propos par sa Déclaration du 1.er février dernier, de donner une nouvelle forme aux établissemens fondés par le feu Roi son Aïeul, pour l'éducation d'une partie de la jeune Noblesse pauvre de son royaume; & voulant remplir le projet qu'Elle a annoncé par sadite Déclaration, d'améliorer & de simplifier cette éducation, & d'en faire partager les avantages à toute la Noblesse, ainsi qu'à ses autres sujets, Elle s'est déterminée à répartir les Élèves jeunes Gentilshommes en diverses provinces de son royaume, dans différens Colléges ou Pensionnats, tenus par des Ordres religieux & par des Congrégations ecclésiastiques; Elle a lieu de se promettre que les Supérieurs & Instituteurs desdits Colléges & Pensionnats, concourront par leurs efforts, au succès de ses vues, & que leur zèle

A

justifiera la marque d'estime qu'Elle leur donne, en leur confiant l'éducation d'une portion de ses Sujets, qui lui est aussi chère: Et Sa Majesté voulant fixer & déterminer tout ce qui a rapport à son nouveau plan, Elle a ordonné & ordonne ce qui suit:

TITRE I.er

Disposition & formation des nouvelles Écoles militaires.

ARTICLE PREMIER.

LES Élèves jeunes Gentilshommes seront répartis à l'avenir dans les dix Maisons suivantes que Sa Majesté a honorées de son choix:

SAVOIR;

COLLÉGES de	DIOCÈSES.	TENUS par les
SOREZE	LAVAUR	Bénédictins.
BRIENNE	TROYES	Minimes.
TIRON	CHARTRES	Bénédictins.
REBAIS	MEAUX	*Idem.*
BEAUMONT	LISIEUX	*Idem.*
PONT-LE-VOY	BLOIS	*Idem.*
VENDÔME	BLOIS	Oratoriens.
EFFIAT	CLERMONT	*Idem.*
PONT-À-MOUSSON	TOUL	Chanoines réguliers du Sauveur.
TOURNON	VALENCE	Oratoriens.

Ces deux derniers Colléges ne seront établis qu'au mois d'Octobre prochain; & dans le cas où Sa Majesté jugeroit à propos de porter jusqu'à douze le nombre desdits Colleges, Elle se fera rendre compte des mémoires qui lui ont été présentés en faveur des colléges d'Auxerre & de Dôle.

2.

LESDITS Colléges devant remplir l'objet des établif-
femens de l'ancienne École militaire, tant à Paris qu'à la
Flèche; & l'inſtitution de ladite École, ſubſiſtant en effet
partiellement dans chacun deſdits Colléges, l'intention
de Sa Majeſté eſt que ces Colléges portent à l'avenir le
nom d'*École royale militaire*, & que ce titre ſoit inſcrit ſur
la porte principale deſdits Colléges.

3.

VEUT Sa Majeſté que le Secrétaire d'État ayant le
département de la guerre, exerce la ſurintendance deſdites
Écoles, avec le même pouvoir qu'il avoit ci-devant ſur
l'École militaire de Paris & le collége royal de la Flèche.

4.

SA MAJESTÉ ayant eu en vue, en choiſiſſant des
Colléges ſitués en diverſes provinces de ſon royaume,
de tenir les Éléves plus à portée de leurs familles, & de
diminuer à ces familles les frais néceſſaires pour les y
conduire, Elle veut qu'on ait égard, tant dans la répartition
des Élèves actuels de l'École militaire, que dans celle
des Élèves qui y ſeront admis à l'avenir, à la proximité
deſdits Colléges, du lieu de naiſſance ou de domicile des
enfans admis.

5.

LORSQUE les établiſſemens deſdits Colléges ſeront
entièrement formés, les Éléves que Sa Majeſté juge à
propos d'entretenir à l'avenir, y ſeront répartis de manière
qu'il n'y ait jamais dans chacun d'eux, moins de cinquante
& plus de ſoixante Élèves; à l'exception toutefois de celui
de ces Colléges, où, ſuivant ce qui ſera dit ci-après, Elle
compte établir le concours annuel des Elèves deſtinés à
être placés dans les Cadets-gentilshommes, la forme de
ce concours exigeant que l'établiſſement de ce Collége
ſoit plus conſidérable.

4

6.

SA MAJESTÉ a arrêté avec les Supérieurs & Principaux desdits Colléges, lesquels ont stipulé pour leurs Ordres & Congrégations, qu'Elle leur seroit payer pour chacun des Elèves qu'Elle y placeroit, une pension annuelle de sept cents livres, moyennant lesquelles sept cents livres ils se chargeroient de loger les Elèves, chacun dans une chambre séparée, de les nourrir, de les habiller d'un habit uniforme, tel qu'il sera ci-après réglé ; de leur enseigner & faire enseigner l'Écriture, les langues Françoise, Latine & Allemande, l'Histoire, la Géographie, les Mathématiques, le Dessin, la Danse, la Musique, l'Escrime en fait d'armes ; & de les entretenir sains & malades, sans qu'il puisse être fait pour leur entretien & instruction, aucune demande au-delà desdites sept cents livres, sous quelque prétexte que ce soit.

7.

LA première fourniture des effets avec lesquels les enfans devront arriver, ne devant point être aux frais desdits Colléges, il sera réglé ci-après, en quoi elle consistera, & par qui elle sera faite. Il en sera de même des frais d'arrivée aux Colléges, qui ne seront point à la charge desdits Colléges, & des ports de lettres adressés aux Elèves ; ces trois objets de dépense exceptés, tout le reste de l'entretien, comme livres, papier, plumes, encre, poudre, instrumens de Mathématiques, instrumens de Musique, fleurets, Prix, récompenses, & même les menus plaisirs, lesquels seront fixés à vingt sous par mois pour les Élèves, jusqu'à l'âge de douze ans, & à quarante sous pour les Élèves de l'âge de douze ans & au-dessus, seront à la charge des Colléges ; & ils ne pourront à ces titres, rien demander à Sa Majesté ni aux familles, sous quelque prétexte que ce soit.

8.

SA MAJESTÉ a bien voulu accorder auxdits Colléges

pour

pour les aider à subvenir aux premiers frais de l'établissement, soit relativement à la construction des bâtimens qu'ils seront obligés de faire, soit relativement aux autres dépenses, un don de trois mois de pension sur le pied de cinquante Élèves à chacun d'eux; quoique dans le moment actuel, ce nombre ne doive pas y être placé, le payement de ce quartier leur sera fait des fonds de la fondation, en vertu des ordres du Secrétaire d'État au département de la guerre.

9.

LA pension des Élèves effectifs qui seront envoyés dans lesdits Colléges, lors de l'évacuation de l'établissement de Paris & de la Flèche, courra à compter du 1.er Avril, & leur sera payé d'avance sur les mêmes ordres & sur les mêmes fonds, dans la ville la plus voisine desdits Colléges; & les quartiers suivans continueront de leur être payés également d'avance & de la même manière. A cet effet, les Supérieurs & Principaux de chaque Collége, enverront le 15 du dernier mois de chaque quartier au Secrétaire d'État ayant le département de la guerre, l'état de situation du nombre d'Élèves de leurs Colléges, afin qu'il puisse en conséquence arrêter les états de payement, pour le nombre présent & effectif des Élèves.

10.

VEUT bien Sa Majesté, que si, pendant la durée d'un quartier, un des Élèves dont la pension auroit été payée, venoit à mourir, l'excédant de pension qu'auroit touché ledit Collége ne lui soit point retenu dans le décompte du quartier suivant; mais au moyen de cet arrangement, les Colléges seront chargés des frais d'enterrement.

11.

SA MAJESTÉ voulant traiter favorablement lesdits Colléges & les aider dans la formation de leurs établissemens, Elle leur fera indépendamment du don réglé par un des articles ci-dessus, distribuer par égale portion, les

meubles & uftenfiles qui fe trouveront dans les deux éta-
bliffemens des Écoles militaires de Paris & de la Flèche:
Voulant cependant Sa Majefté qu'au préalable, il foit réfervé
fur les meubles de la Flèche pour le nouveau Collége
qu'Elle fe propofe d'y établir, les meubles néceffaires pour
deux cents Élèves; & n'entendant au furplus Sa Majefté
comprendre dans ce don de meubles qu'Elle veut bien
faire aux nouveaux Colléges militaires, que ce qui peut
être à l'ufage des Élèves; comme lits, tables, chaifes,
livres, linge de corps & de table, uftenfiles de cuifine &
autres qui étoient à l'ufage des Élèves dans les deux éta-
bliffemens, le tout d'après les inventaires qui en auront
été dreffés avant leur évacuation.

Il fera donné au Collége dans lequel feront établis les
concours annuels, une double part de ces meubles, eu
égard à l'établiffement plus confidérable auquel ce Collége
fera affujetti.

<h2 style="text-align:center">1 2.</h2>

LES bâtimens que les Supérieurs & Principaux des
Colléges feront difpofer ou bâtir à neuf pour le logement des Élèves, feront diftribués de manière à remplir
ftriétement la condition ftipulée dans les conventions
qui ont été faites relativement au logement defdits Élèves,
c'eft-à-dire que chacun de ces Élèves aura une chambre
ou cellule féparée qui fermera à clé; & lefdits Élèves
occuperont à eux feuls le bâtiment ou la partie de bâtiment qui leur aura été affectée, de manière à pouvoir
être plus facilement furveillés. Ils feront d'ailleurs con-
fondus, pour tout ce qui concerne l'éducation, avec les
autres Penfionnaires dont il fera parlé ci-après.

<h2 style="text-align:center">1 3.</h2>

L'INTENTION de Sa Majefté, dans la difperfion des
Élèves de l'ancienne École militaire en divers Colléges
ou Penfionnats, étant de leur procurer, en les mêlant
avec des enfans des autres claffes de citoyens, le plus
précieux avantage de l'éducation publique, celui de ployer

les caractères, d'étouffer l'orgueil que la jeune Noblesse est trop aisément disposée à confondre avec l'élévation, & d'apprendre à considérer sous un point de vue juste, tous les ordres de la société : Elle a soumis les Supérieurs & Principaux de ces Colléges, dans les conventions qu'Elle a fait passer avec eux, à y recevoir un nombre d'autres Pensionnaires au moins égal à celui des Élèves qu'Elle y placera.

14.

En même temps que Sa Majesté a eu en vue dans les conventions ci-dessus énoncées, l'avantage des Élèves dont Elle s'est chargée ; Elle a eu pour objet de faire participer à l'éducation améliorée qui se donnera dans les nouveaux Colléges, les enfans de tous ses sujets que leurs familles voudront y placer ; & Elle a exigé en conséquence des Supérieurs & Principaux desdits Colléges, que les autres Pensionnaires seroient soumis à la même discipline, aux mêmes règlemens, aux mêmes méthodes d'instruction que les Élèves militaires ; qu'ils seroient assujettis à porter le même uniforme, & qu'il n'y auroit enfin entr'eux aucune différence : N'entendant cependant pas Sa Majesté qu'à raison de cette conformité, dans leur entretien & dans leur éducation, les Supérieurs & Principaux desdits Colléges puissent hausser le prix de leurs pensionnats actuels, & à plus forte raison excéder le prix fixé pour ses Élèves : voulant au contraire Sa Majesté qu'au moyen de l'augmentation de revenu que vont recevoir lesdits Colléges, ils continuent de recevoir, aux prix accoutumés, des Pensionnaires de tous états, & qu'ils s'attachent à remplir par-là la condition portée dans l'article précédent, sans l'observation de laquelle le plan de Sa Majesté se trouveroit imparfaitement suivi.

15.

Afin que Sa Majesté puisse juger du succès des mesures prises ci-dessus, & du zèle avec lequel les Colléges auront concouru à les remplir, les Supérieurs & Principaux desdits Colléges seront tenus d'envoyer tous les trois mois au Secrétaire d'État de la guerre, en même temps que l'état de situation des Élèves militaires, un état du nombre des autres Pensionnaires; & il sera établi ci-après dans le présent règlement, des moyens d'exciter l'émulation parmi ceux de ces Pensionnaires qui pourront prétendre, par leur naissance, à entrer dans les Cadets-gentilshommes des troupes de Sa Majesté.

TITRE II.

Admission & envoi des Élèves dans les nouvelles Écoles militaires.

ARTICLE PREMIER.

LE nombre des Élèves que Sa Majesté entretiendra à l'avenir dans les nouvelles Écoles militaires, sera de six cents, au lieu de celui de cinq cents, qui étoit réglé par l'Édit de fondation.

2.

LA durée de l'éducation des Élèves, ne pourra jamais être de moins de six ans pour ceux qui entreront dans les Colléges aux âges de huit & neuf ans; ces Élèves ne seront envoyés aux concours annuels pour subir les examens ci-après ordonnés, que lorsque les six années de leur éducation seront complètes.

Les Élèves qui entreront à l'âge de dix ou onze ans, & même ceux qui se trouvant dans la classe des orphelins, pourront, suivant l'article XV de l'Édit de création de l'École militaire, y être admis jusqu'à l'âge de treize, ne seront point assujettis à compléter les six ans fixés ci-dessus pour la durée de l'éducation si des progrès marqués, soit par rapport à leur âge, ou aux connoissances antérieures qu'ils pourroient avoir acquises, les mettent dans le cas d'en être dispensés, ce dont les Supérieurs & Principaux

des

des Colléges rendront compte au Secrétaire d'État ayant le département de la guerre.

3.

CONFORMÉMENT au même article XV de l'Édit de création de l'Ecole militaire, aucun enfant ne pourra être admis, en qualité d'Élève, qu'il ne sache lire & écrire, afin de pouvoir être appliqué tout de suite à l'étude des langues : les enfans subiront à cet égard un examen le jour de leur arrivée aux Colléges ; & ceux d'entre eux qui seront reconnus n'être pas assez instruits sur les deux points ci-dessus ordonnés, seront laissés à leurs familles pour n'être admis qu'au remplacement de l'année suivante.

4.

CONFORMÉMENT à l'article XVII du même Édit, il ne sera proposé ni reçu aucun Elève qui soit estropié ou contrefait.

5.

SA MAJESTÉ confirme tous les règlemens qui ont été faits par le feu Roi son Aïeul, relativement à l'admission des Élèves, aux preuves de noblesse exigées, à la forme & à l'ancienneté de ces preuves, aux différentes classes établies pour déterminer l'ordre de préférence à accorder aux enfans proposés, & enfin toutes les dispositions énoncées dans l'Edit de création du mois de janvier 1751, dans la Déclaration du feu Roi du 24 août 1760, & dans les Mémoires instructifs qui ont été dressés en conséquence, sur ce que doivent observer les parens pour proposer leurs enfans à l'Ecole militaire.

Veut Sa Majesté que les familles continuent d'adresser leurs preuves & papiers généalogiques, dans la forme accoutumée, au sieur d'Hozier de Serigny, que Sa Majesté confirme dans les fonctions de Commissaire pour les preuves de noblesse des Élèves des Écoles militaires.

6.

SA MAJESTÉ renouvelle particulièrement les dispositions

de l'article VII de la susdite Déclaration, par lequel il étoit ordonné qu'il ne seroit reçu dans l'École militaire, aucun enfant dont les parens pourroient se passer de ce secours pour leurs familles; & afin qu'aucune contravention à cet égard ne nuise aux vœux respectables du Fondateur, qui a eu pour objet le soulagement de la Noblesse pauvre, Elle ordonne que les certificats qui, conformément aux articles VII & VIII de la Déclaration ci-dessus mentionnée, doivent être constatés par les sieurs Intendans des Généralités & par deux des Gentilshommes les plus voisins du domicile des parens des enfans proposés, soient de plus attestés par les Gouverneurs des provinces où ledit domicile sera situé, si lesdits Gouverneurs y résident, ou à leur défaut par les Commandans desdites provinces, ainsi que par l'Évêque diocésain : Invite Sa Majesté les uns & les autres, à répondre à cette marque de sa confiance, en regardant comme un devoir d'empêcher les surprises qui pourroient lui être faites.

7.

LE remplacement des Élèves qui, ayant terminé leur éducation, sortiront des Colléges pour être envoyés aux concours, & de-là placés dans les Troupes de Sa Majesté, ne se fera qu'une fois par an, du 1.er au 15 Septembre : époque à laquelle les anciens Élèves partiront pour se rendre au concours.

8.

LE Secrétaire d'État ayant le département de la guerre, préviendra dans le mois de Juillet, les familles dont les enfans auront été agréés par Sa Majesté, afin que lesdites familles aient le temps de se disposer à les envoyer aux Colléges dans lesquels ils devront être reçus; & il enverra en même-temps aux Supérieurs & Principaux des Colléges, l'état des Élèves qui devront leur être donnés en remplacement.

9.

LES familles se chargeront de faire conduire à leurs

frais, leurs enfans aux Collèges qui leur auront été indiqués, & la lettre qui leur aura été écrite par le Secrétaire d'État ayant le département de la guerre, sera le titre de ces enfans pour y être admis. Elles prendront leurs mesures de manière que leurs enfans y soient rendus le 15 de Septembre au plus tard.

10.

LES familles seront obligées de pourvoir à la première fourniture nécessaire pour l'équipement & l'établissement de leurs enfans dans les Collèges; mais cette fourniture ne sera proprement qu'une avance qu'elles seront à leurs enfans, les Collèges devant à leur tour, ainsi qu'il sera dit ci-après, équiper à leurs frais complètement, les Élèves lorsqu'ils sortiront pour être envoyés au concours, & de-là placés dans les Troupes de Sa Majesté.

11.

CETTE première fourniture à faire par les familles, consistera en

Un surtout de drap bleu:

Un habit de drap bleu, paremens rouges & boutons blancs;

Deux vestes bleues:

Deux culottes noires:

Douze chemises:

Douze mouchoirs:

Six cravates ou mouchoirs de col.

Six paires de bas:

Six bonnets de nuit:

Deux peignoirs:

Deux chapeaux:

Deux paires de souliers:

Deux peignes:

Un ruban de queue:

Un sac à poudre:

1 2.

Au moyen de cette première fourniture, les Familles n'auront plus à leur charge aucuns frais pour leurs enfans, à l'exception de leurs ports de lettres; lesdits enfans devant être entretenus de tous points par les Colléges pendant la durée de leur éducation, & équipés par lesdits Colléges à leur sortie, de la même quantité d'effets qui auront été reçus en entrant, & ensuite conduits aux dépens du Roi, dans les régimens où ils seront placés Cadets-gentils-hommes.

TITRE III.

De l'Éducation des Élèves.

ARTICLE PREMIER.

Sa Majesté voulant que l'éducation soit uniforme dans les diverses Écoles militaires, Elle enjoint aux Instituteurs de se conformer exactement au plan d'éducation qu'Elle a fait adresser aux Principaux des Colléges, destinés à recevoir les Elèves jeunes Gentilshommes.

2.

Pour assurer l'uniformité des méthodes d'instruction, & mettre par cette uniformité, les Élèves des différens Colléges, dans le cas de concourir ensemble, lors des examens auxquels ils seront assujettis avant d'entrer dans les Cadets-gentilshommes, Sa Majesté a fait choix de différentes personnes pour composer, à l'usage desdits Colléges, des livres élémentaires de Langues, d'Histoire, de Géographie, de Mathématique, de Morale & de Logique, dans la forme qui lui a paru la plus propre à simplifier l'enseignement, & à faciliter les examens; & son intention est que lorsqu'Elle aura approuvé lesdits ouvrages, ils servent à diriger l'instruction des Élèves, sans que les Supérieurs & Principaux des Colléges, puissent

y faire

y faire, ni souffrir qu'il y soit fait aucuns changemens, si ce n'est de l'ordre de Sa Majesté.

Ordonne Sa Majesté aux Supérieurs & Principaux desdits Colléges, d'adresser tous les ans au Secrétaire d'État ayant le département de la guerre, & à ce titre la surintendance desdites Écoles, les observations que leur expérience & leurs lumières les auront mis dans le cas de faire sur lesdits ouvrages élémentaires ; & Elle assigne par le présent Règlement, un fonds annuel de six mille livres, à prendre sur les revenus de l'École militaire, pour être employé à récompenser les personnes qu'Elle chargera de perfectionner les ouvrages relatifs à l'instruction des Élèves, & aux frais d'impression desdits ouvrages; son intention étant d'en faire la première fourniture aux Colléges, lesquels seront ensuite chargés de pourvoir au remplacement de leur consommation.

3.

L'INTENTION de Sa Majesté est que lorsque ces objets auront été remplis, l'excédant ou la totalité de ce fonds annuel de six mille livres, soit employé à former successivement dans chaque Collége, une bibliothèque à l'usage des Élèves, ainsi qu'un cabinet de Physique & de Mécanique, suffisant pour les principales expériences & démonstrations, desquelles on pourra faire un objet de récréation & de récompenses pour les Élèves qui annonceront le plus d'intelligence, & auront le plus avancé dans les autres parties de leur éducation, dont on devra s'occuper par préférence: ces bibliothèques & cabinets étant achetés des fonds de la fondation de l'École militaire, n'appartiendront point aux Colléges.

4.

POUR que l'achat & le remplacement des différens ouvrages élémentaires qui seront composés par ordre de Sa Majesté, soient moins à charge aux Colléges, & qu'aucune vue d'économie sur cet objet, ne nuise à la facilité de l'instruction des Élèves, qui devront avoir chacun un

D

exemplaire desdits ouvrages, il sera pris des mesures pour qu'ils soient imprimés au plus bas prix possible, & il en sera arrêté un tarif qui sera envoyé à chaque Collége.

5.

SA MAJESTÉ s'en remet aux différens Ordres religieux ou Congrégations ecclésiastiques, dont dépendent les Colléges, du choix des Supérieurs & Principaux desdits Colléges, ainsi que de celui des Professeurs & des Maîtres; se réservant, Sa Majesté, de les obliger à les changer, si, d'après les comptes qui lui en seront rendus, il paroît que l'éducation des Élèves soit en souffrance, par la faute desdits Supérieurs, Principaux, ou Maîtres.

6.

IL sera donné chaque année, au nom de Sa Majesté, quatre médailles d'or, de la valeur de cent cinquante livres chacune, lesquelles seront remises par l'Inspecteur général des Écoles militaires, à quatre des Professeurs ou Maîtres du Collége, dont les Élèves auront eu le plus de succés au concours; lesdites médailles porteront d'un côté le buste du Roi, & de l'autre l'inscription suivante, *Prix de bon Instituteur:* Et Sa Majesté sentant combien la perfection de l'éducation, dans les nouveaux Colléges, dépendra du bon choix des Professeurs & des Maîtres, & voulant attirer, dans ces emplois importans, des Instituteurs éclairés & qui mettent leur gloire au succés des Élèves, Elle se réserve d'accorder des encouragemens & des récompenses utiles & honorables, aux Supérieurs, Principaux, Maîtres & Régens, dont les Élèves se seront distingués au concours annuel; & seront lesdites récompenses & encouragemens, accordés par Sa Majesté, sur le compte qui lui en sera rendu par les Inspecteurs & Examinateurs dudit concours.

TITRE IV.

Établissement d'un Concours annuel, & répartition des Élèves dans les Régimens, en qualité de Cadets-gentilshommes.

ARTICLE PREMIER.

IL sera établi un concours annuel pour l'examen des Élèves destinés à être placés dans les Cadets-gentilshommes, & ce concours se fera dans le collége de Brienne en Champagne, qui se trouve le plus au centre du royaume.

2.

LE premier concours n'aura lieu qu'en 1778, lorsque le nombre des Élèves se trouvera complet.

3.

LES Principaux des Colléges adresseront chaque année, au mois de Juillet, au Secrétaire d'État ayant le département de la guerre; & à commencer au mois de Juillet 1777, un état nominatif des Élèves, qui ayant achevé le temps fixé pour leur éducation, seront en état d'être envoyés au concours.

4.

LE concours se fera tous les ans dans les premiers jours de Septembre, en présence de l'Inspecteur général & du Sous-inspecteur des nouvelles Écoles militaires, aidés de deux Examinateurs, gens de Lettres, qui seront choisis par le Secrétaire d'État ayant le département de la guerre, & qui recevront chacun douze cents livres de gratification, devant d'ailleurs être nourris & logés aux dépens de la fondation de l'École militaire, pendant le temps du concours.

5.

IL sera adressé à l'Inspecteur général & au Sous-inspecteur, ainsi qu'aux Examinateurs, une instruction sur la méthode des examens; & les Supérieurs des Colléges seront prévenus de ladite méthode.

6.

SA MAJESTÉ fera connoître ses intentions sur les moyens à employer pour faire conduire au collége de Brienne, les Élèves des autres Colléges, qui devront être présentés au concours, & sur le traitement qui sera accordé audit collége de Brienne, en raison de la dépense extra-ordinaire que les concours annuels occasionneront à ce Collége.

7.

L'INSPECTEUR général n'admettra, pour être placés dans les Cadets-gentilshommes, que ceux des Élèves présentés au concours, dont il jugera, avec les Examinateurs, l'éducation suffisamment perfectionnée; & ceux qui n'auront pas mérité d'être admis pour Cadets-gentilshommes, resteront dans le collége de Brienne, pour y subir un nouvel examen l'année suivante.

8.

SI lors de ce second examen, quelques-uns des mêmes Élèves, pour cause d'inaptitude, d'inapplication ou de mauvaise conduite, n'étoient pas jugés capables d'être placés en qualité de Cadets-gentilshommes dans les Troupes de Sa Majesté, l'Inspecteur général en rendra compte au Secrétaire d'État ayant le département de la guerre, qui, sur son attestation visée des Examinateurs & du Principal du Collége de Brienne, prendra les ordres de Sa Majesté, pour que les familles auxquelles ces Élèves appartiendront, aient à les envoyer chercher à leurs frais, pour les retirer du Collége de Brienne.

9.

POUR exciter l'émulation entre les Élèves, & les engager à répondre aux vues paternelles & bienfaisantes de Sa Majesté, Elle veut bien accorder aux quatre Élèves

qui

qui auront remporté les quatre premiers Prix, dans le concours, au jugement de l'Inspecteur général, du Sous-inspecteur, & des Examinateurs, les pensions suivantes : savoir, aux deux premiers, une de cent cinquante livres ; & aux deux autres, une de cent livres, dont ils jouiront jusqu'à ce qu'ils aient été faits Capitaines au service de Sa Majesté ; & ce, sans préjudice aux pensions qui leur seront données comme Élèves, ainsi qu'il sera dit ci-après. Sa Majesté leur accorde en même temps la Croix de Chevalier-novice de l'Ordre de Saint-Lazare, telle que l'avoient ci-devant les Élèves de l'ancienne École militaire, & ladite croix leur sera remise par l'Inspecteur ou le Sous-inspecteur général. Voulant au surplus Sa Majesté, que lesdits Chevaliers-novices se conforment à l'Ordonnance de 1761, concernant les Gentilshommes Élèves de l'École militaire admis dans ledit Ordre ; veut pareillement Sa Majesté, que si lesdits Élèves venoient à quitter son service, par quelque cause que ce soit, avant d'être Capitaines, lesdites pensions de cent cinquante livres ou de cent livres cessent de leur être payées.

10.

LES Élèves qui n'ayant point été admis dans les Cadets-gentilshommes, l'année de leur arrivée au concours, seront obligés de subir un examen l'année suivante, ne pourront point prétendre aux pensions & croix de Saint-Lazare, accordées par l'article précédent.

11.

L'INSPECTEUR général mettra aux examens des Élèves, & à la distribution des Prix, toute la publicité & tout l'appareil qu'il jugera propres à faire impression sur l'esprit des Élèves, & à exciter l'émulation des Principaux & des Maîtres. Il distribuera en même-temps à ces derniers les médailles qui leur auront été adjugées, d'après le succès de leurs Élèves.

12.

LES Élèves, qui après les examens ci-dessus ordonnés,

E

devront être placés dans les Cadets - gentilshommes des Troupes de Sa Majesté, seront répartis dans l'Infanterie, la Cavalerie & les Dragons, suivant les dispositions qu'ils paroîtront annoncer par leur taille & leur constitution, à l'un ou à l'autre de ces espèces de service; & cette répartition se fera par l'Inspecteur, ou à son défaut, par le Sous-inspecteur général, d'après les instructions qu'il aura reçues à cet égard du Secrétaire d'État ayant le département de la guerre, conséquemment au nombre de places de Cadets-gentilshommes vacantes dans chaque régiment.

13.

CEUX d'entr'eux qui dans le cours de leurs études, auront fait le plus de progrès dans les Mathématiques & dans le Dessin, seront envoyés à l'école de Mézières ou à celle de la Fère, où ils se perfectionneront dans les études relatives au Génie ou à l'Artillerie, & d'où ils seront placés Ingénieurs ou Sous-lieutenans d'Artillerie, après les examens ordinaires.

14.

SA MAJESTÉ veut bien continuer d'accorder à chacun des Élèves de ses nouvelles Écoles militaires, qui sera placé dans les Cadets - gentilshommes de ses Troupes, une pension de deux cents livres, exempte de toute retenue, laquelle leur sera payée à compter du jour qu'ils entreront dans lesdits Cadets, & dont ils continueront de jouir pendant qu'ils seront Sous-lieutenans, & jusqu'à ce qu'ils soient Lieutenans; mais Elle n'accordera plus à l'avenir de croix de Saint-Lazare qu'à ceux des Élèves qui auront remporté des Prix aux concours, conformément à l'article 9.

15.

LES susdites pensions de deux cents livres, seront payées sur les fonds de l'École militaire, & les ordonnances en seront adressées par le Secrétaire d'État ayant le département de la guerre, aux États - majors des régimens où seront placés les Élèves; & à cet effet, les États - majors seront tenus d'adreſſer chaque année, audit Secrétaire d'État, des certificats de vie deſdits Élèves.

16.

SA MAJESTÉ voulant faire participer aux avantages du ſyſtème d'éducation qu'Elle établit par le préſent Règlement, les familles de ſa Nobleſſe que leur fortune met dans le cas de ſe paſſer de ſon ſecours pour élever leurs enfans, & les engager à concourir avec Elle, à l'amélioration des nouveaux Colléges; Elle permet à celles de ces familles qui placeront leurs enfans dans leſdits Colléges, de les amener ou envoyer au même âge que ſes Élèves, aux concours annuels, & Elle veut que ces jeunes gens y ſoient admis aux examens; & ſur le compte qui lui ſera rendu de l'examen & des progrès deſdits Élèves étrangers, Elle en placera tous les ans, un certain nombre dans les Cadets-gentilshommes de ſes Troupes.

17.

LES parens deſdits Élèves étrangers, qui deſireront envoyer leurs enfans aux concours annuels, ſeront tenus d'en demander la permiſſion au Secrétaire d'État ayant le département de la guerre, en lui adreſſant les mêmes preuves qui ſont exigées pour être admis dans le nombre des Cadets-gentilshommes, & d'après la vérification deſ-dites preuves, cette permiſſion leur ſera accordée.

18.

EN admettant leſdits Élèves étrangers aux concours, Sa Majeſté n'entend ſe charger d'aucuns frais de voyage pour leſdits Élèves, ni de ceux de logement & de nour-riture, pendant qu'ils aſſiſteront aux concours; mais Sa Majeſté ſe promet du zèle que les Supérieurs & Prin-cipaux du collége de Brienne apporteront à entrer dans ſes vues, qu'ils recevront de gré à gré leſdits Élèves externes, au même prix que celui qui ſera réglé pour ſes propres Élèves, pendant le temps du concours.

20

N'entend aussi Sa Majesté, que lesdits Élèves étrangers, participent aux pensions & croix de Saint-Lazare, assignées pour Prix à ses Élèves.

19.

A la fin du concours, l'Inspecteur général remettra aux Élèves qui devront entrer dans les Cadets-gentilshommes, leurs lettres pour y être admis; & à cet effet, lesdites lettres lui auront été adressées à l'avance par le Secrétaire d'État ayant le département de la guerre, pour être par lui remplies du nom des Élèves.

20.

LES Élèves admis dans les Cadets - gentilshommes, partiront immédiatement après le concours, pour se rendre aux régimens dans lesquels ils devront entrer, & les frais de leur voyage seront payés par Sa Majesté, d'après les arrangemens qu'Elle fera prendre à cet égard. Ils emporteront avec eux, les effets qui auront dû leur être fournis par les Colléges, & qui devront consister dans la même espèce & dans la même quantité que ceux dont leurs familles les avoient équipés en y entrant; lesdits effets devront être en bon état, & l'Inspecteur général en fera la visite, pour s'assurer que les Colléges auront rempli leurs engagemens sur cet objet.

21.

LES Élèves - cadets - gentilshommes, seront de plus fournis en arrivant aux régimens, par les soins des États-majors desdits régimens & aux dépens des fonds de l'École militaire, d'un habit uniforme complet, tel qu'il est réglé dans l'Ordonnance concernant les Cadets-gentilshommes.

22.

L'INSPECTEUR, ou à son défaut le Sous - inspecteur général rendra, après le concours, au Secrétaire d'État ayant le département de la guerre, un compte détaillé de tout ce qui se sera passé audit concours, & lui adressera l'état des Élèves qui, présentés au concours, n'auront point

été

été admis dans les Cadets-gentilshommes, & devront subir un second examen l'année suivante. La pension de ceux de ces Élèves qui ne seront point du collége de Brienne, & qui resteront dans ce Collége jusqu'au second examen, sera payée audit Collége, à raison de sept cents livres par an, pour chacun d'eux.

TITRE V.

Des Élèves qui se destineront à l'état Ecclésiastique ou à la Magistrature.

ARTICLE PREMIER.

SA MAJESTÉ voulant donner à sa Noblesse des preuves plus étendues de sa bienveillance, Elle a résolu, indépendamment des six cents Élèves qu'Elle placera dans les nouveaux Colléges, de rétablir dans celui de la Flèche, l'ancienne fondation faite par Henri IV, en faveur de cent pauvres Gentilshommes, laquelle n'a jamais été remplie, & Elle rendra incessamment une Déclaration à ce sujet.

2.

CES cent places seront particulièrement destinées pour les enfans nobles, dont les pères auront rendu des services à l'État, dans les charges de la Magistrature ou autres, & qui se destineront à suivre la même carrière, ou à embrasser l'état Ecclésiastique: L'éducation qu'on donnera dans ledit collége de la Flèche, sera relative à l'une & à l'autre de ces destinations, & sur un autre plan que celle qui est fixée pour les Colléges militaires.

3.

LES Élèves des Colléges militaires, dont la vocation ou les dispositions se tourneront, à l'âge de douze ou treize ans au plus tard, vers l'état Ecclésiastique ou la Magistrature, seront envoyés au collége de la Flèche, jusqu'au nombre de cinq seulement par année, sur la demande qui en sera faite par leurs familles au Secrétaire d'État ayant le département de la guerre, & sur le compte qui lui sera rendu des dispositions desdits Élèves, par l'Inspecteur général, les Supérieurs & Principaux desdits Colléges militaires.

4.

SA MAJESTÉ s'expliquera, dans la Déclaration qu'Elle rendra concernant ledit collége de la Flèche, sur la manière dont lesdits Élèves y seront entretenus, sur le temps qu'ils y resteront & sur les secours ultérieurs qu'Elle leur donnera, pour leur faire étudier le Droit ou la Théologie.

TITRE VI.

Discipline & police intérieure des Colléges. Correspondance desdits Colléges avec le Secrétaire d'État ayant le département de la guerre. Visites desdits Colléges par l'Inspecteur & le Sous-inspecteur général.

ARTICLE PREMIER.

SA MAJESTÉ abandonne aux lumières & au zèle des Ordres religieux & Congrégations ecclésiastiques, auxquels Elle confie l'éducation des Élèves jeunes Gentilshommes, tous les détails intérieurs de la discipline des Élèves, la division de l'emploi des journées, & le choix des méthodes d'enseignement; Elle se réserve de juger, d'après les comptes qui seront rendus par l'Inspecteur général & le Sous-inspecteur, lors de leurs visites des Colléges, par le résultat des concours, & sur-tout par la manière dont les Élèves de chaque Collége se conduiront, quand ils seront placés dans ses Troupes, de la préférence qu'Elle doit donner aux méthodes de tel ou tel Collége, en les adoptant alors par un règlement auquel Elle obligera tous les Colléges de se conformer.

2.

LES Élèves ne pourront jamais, sous quelque prétexte que ce soit, & à telle proximité que puissent se trouver les Colléges, de la demeure de leurs familles, sortir desdits Colléges pour aller chez leurs parens.

3.

LES Supérieurs & Principaux des Colléges, rendront tous les trois mois, au Secrétaire d'État ayant le département de la guerre, & à l'Inspecteur général, un compte détaillé de la situation de leur Collége, & des progrès des Élèves; bien entendu que s'il se présentoit dans l'intervalle, des évènemens qui méritassent son attention, ils n'attendroient pas ce terme pour l'en informer.

4.

ILS écriront aussi, à la fin de chaque quartier, aux familles des Élèves, pour les instruire des progrès de leurs enfans, & leur communiquer la note qu'ils adresseront sur leur compte au Secrétaire d'État ayant le département de la guerre. Sa Majesté se promet que les encouragemens & les bons avis que leurs familles leur donneront, concourront à réveiller ou à augmenter leur application, & à seconder les soins des Instituteurs auxquels ils sont confiés.

5.

L'INSPECTEUR & le Sous-Inspecteur général, feront tous les ans la visite des Colléges, pour s'assurer de l'exécution du présent Règlement, sur tous les objets, & en rendre compte à Sa Majesté.

6.

VEUT & ordonne Sa Majesté que le présent Règlement soit envoyé incessamment aux Ordres religieux ou Congrégations, chargés des nouveaux Colléges, & nommément, aux Supérieurs & Principaux qui feront à la tête de ces Colléges: Entend auſſi Sa Majeſté qu'il ſoit répandu & publié dans ſon Royaume, afin que la Nobleſſe en ait connoiſſance.

Fait à Verſailles le vingt-huit mars mil ſept cent ſoixante-ſeize. *Signé* LOUIS. *Et plus bas*, Saint-Germain.

A PARIS,
DE L'IMPRIMERIE ROYALE.

M. DCCLXXVI.

www.ingramcontent.com/pod-product-compliance
Lightning Source LLC
LaVergne TN
LVHW020639180726
843502LV00006B/2131